SYNDICAT MÉDICAL

DE

LA DROME ET DE L'ARDÈCHE.

Assemblée générale du 5 Novembre 1884.

AFFAIRE

PANGON & Consorts --- CHALAMET.

VALENCE

IMPRIMERIE VALENTINOISE, PLACE SAINT-JEAN.

1885

SYNDICAT MÉDICAL

DE

LA DROME ET DE L'ARDÈCHE.

Assemblée générale du 5 Novembre 1884.

AFFAIRE

PANGON & Consorts --- CHALAMET.

VALENCE

IMPRIMERIE VALENTINOISE, PLACE SAINT-JEAN.

—

1885

SYNDICAT MÉDICAL

DE LA DROME ET DE L'ARDÉCHE.

———·✳·———

ASSEMBLÉE GÉNÉRALE DU 5 NOVEMBRE 1884.

———·✳·———

AFFAIRE

PANGON & CONSORTS — CHALAMET.

La séance est ouverte à 3 heures et demie, sous la présidence de M. Chalamet, de Loriol, président du Syndicat.

A ses côtés, se trouvent : MM. François, de Valence, vice-président ; Dagrève, de Tournon, vice-président ; Romain, de Valence, secrétaire-trésorier ; Coze, de Valence, syndic du cercle de Valence.

Dans la salle, une vingtaine au plus de membres du syndicat, parmi lesquels MM. Pangon et Lassagne fils.

A 4 heures, arrivée de M. Chalamet, de Saint-

Donat. (*Mouvement d'attention dans l'assistance.*)

M. Chalamet salue, puis s'assied tout au.bout de la salle, déposant sur une chaise chapeau et canne, et sur l'autre un dossier assez volumineux.

Après quelques observations sur l'objet de la réunion, *M. le Président* donne la parole à M. Coze, rapporteur.

M. le Rapporteur commence immédiatement la lecture des pièces suivantes, constituant ce que l'on pourrait appeler :

LE
RÉQUISITOIRE.

RAPPORT

au sujet de la décision prise par la Chambre syndicale
du syndicat de la Drôme et de l'Ardèche,
à l'encontre
de **M. Chalamet,** Officier de santé,
à Saint-Donat (Drôme).

Rapporteur : M. le docteur COZE, de Valence,
syndic du Cercle de Valence.

LE SYNDIC

du

CERCLE DE VALENCE

Nᵒˢ de la correspondance : 7. 8. 9. 10. 11. 12. 13. 14. 15.

Messieurs et très honorés confrères,

« Des plaintes ayant été portées contre M. Chalamet, officier
« de santé à St-Donat (Drôme), Monsieur le Président du
« Syndicat de la Drôme et de l'Ardèche, en vertu de l'article
« 17 des statuts, convoqua la Chambre syndicale qui se réunit

« le 8 octobre 1884, chez **M.** le docteur Romain, Secrétaire-
« Trésorier du syndicat.

« Etaient présents :

« MM. le Dr CHALAMET, de Loriol, président;
    « le Dr FRANÇOIS, de Valence, vice-président (Drôme);
    « le Dr DAGRÈVE, de Tournon, vice-président (Ardèche);
    « le Dr ROMAIN de Valence, secrétaire-trésorier ;
    « le Dr COZE de Valence, syndic du cercle de Valence;
    « le Dr GAZET de Tournon, syndic de Tain-Tournon.
« MM. les Drs LASSAGNE de St-Vallier et PANGON, de St-
« Vallier, convoqués pour soutenir leurs accusations, étaient
« présents.
« M. le Dr FILHOL s'excuse par lettre.
« M. CHALAMET, invité à venir soutenir sa défense, s'excuse
« par télégramme (voir la pièce n° 1. Dépêche ainsi libellée :
« Docteur Romain, rue Préfecture, Valence. De Château-
« neuf-de-Galaure. Invité à dîner aujourd'hui à Châteauneuf.
« Dire à Filhol et Pangon. Chalamet. »)

« La Chambre syndicale nomme rapporteur M. le Dr Coze,
« syndic du cercle de Valence.

« *Messieurs et très honorés confrères,*

« Les plaintes formulées contre M. Chalamet, officier de santé
« à St-Donat, sont déjà anciennes ; nous les prendrons par
« ordre chronologique.

« 1° M. le docteur Gazet, de Tournon, se plaint d'avoir été
« l'objet de critiques malveillantes au sujet d'un appareil

« inamovible chez un de ses clients, alors que M. Chalamet ne
« possédait aucun titre universitaire.

« 2° Reçu officier de santé, et établi à St-Donat, M. Chalamet
« usurpe le titre de docteur en médecine en mettant ce titre
« sur la plaque de sa porte ; *Cette usurpation est constatée*
« par M. le docteur François, *président du Jury médical dans*
« *sa tournée annuelle de 1882* (sic), malgré une certaine résis-
« tance, cette plaque fut enlevée *quelques* temps après.

« 3° Dans une circulaire présentée à la Chambre syndicale
« par M. le docteur Lassagne, M. Chalamet trompe sur l'ori-
« gine de son titre d'officier de santé ; il s'intitule de la faculté
« de Lyon, alors qu'il a été reçu à l'Ecole secondaire de
« Grenoble ; *Cette circulaire, qui porte l'avis « ancien tarif »*
« alors que faisant partie du syndicat, M. Chalamet adhérait
« par le fait aux tarifs nouveaux adoptés, affecte une forme de
« réclame qui entache la dignité professionnelle.

« 4° Malgré les avis de M. le docteur François, en 1882, M.
« Chalamet usurpe encore le titre de docteur en médecine dans
« un journal médical: le *repertoire* (sic) universel de médecine
« dosimetrique du Dr Burggraeve (voir Repertoire universel de
« médecine dosimétrique, Decembre 1883, pages 727 et 743.) (1)

« 5° M. le docteur Pangon, de St-Vallier donne lecture à la
« Chambre syndicale d'un travail fait par lui, et articulant des
« plaintes contre M. Chalamet. Nous donnons lecture et copie
« de cette plainte :

------

(1) Voir inf. : Annotation, pages 29, 30, 31 et 32.

Plainte du D (sic) *Pangon de St-Vallier vis à vis (sic) de
M. Chalamet*, officier (sic) *de santé à St-Donat, formulée
à la réunion de la Chambre syndicale
le 8 octobre 188.4.*

—

« Il y a deux ans environ (1), la famille **Albert**, de St-Donat,
« fut en proie à une épidémie de fièvre typhoïde. (Il se rencontre
« que je suis lié avec cette famille par des liens de parenté
« très étroits ; ce sont *vis à vis* (sic) de moi des cousins ger-
mains.)

« Trois membres tombèrent malades presqu'à la fois. M.
« Chalamet de St-Donat fut appelé, et au bout d'une quinzaine
« de jours, la maladie empirant chez quelques-uns, mon cousin
« vint me trouver me racontant ce qui se passait chez lui, et me
« priant de venir voir ses malades. Je lui répondis : Je le veux
« bien ; mais pas sans que M. Chalamet y soit en même temps
« que moi. — Mais, me dit-il, nous ne le voulons plus ; il ne fait
« prendre que *des* petites graines à mes malades, et je n'ai jamais
« vu pareille chose. — C'est à prendre ou à laisser, lui repliquai-
« je. — Alors, puisqu'il en est ainsi, M. Chalamet viendra. Nous
« *convimes* (sic) du jour et de l'heure, et la consultation eut
« lieu, mais pas sans peine.

« Nous eûmes ainsi, pendant l'évolution de ces trois cas de
« fièvre typhoïde avec M. Chalamet plusieurs consultations
« assez orageuses, lui-même luttant pour conserver ses granules,
« et moi-même combattant pour les lui faire supprimer ou
« tout au moins diminuer. Mais j'eus beau faire observer que
« la methode que je proposais n'était pas nouvelle, qu'elle était
« *scientifique* (!), *classique* (!), enseignée dans tous les Facultés,
« et que la sienne n'avait que fort peu d'adeptes n'ayant fait

(1) En juillet 1882.

« nullement ses preuves ; et que pour cette circonstance, en
« face de la responsabilité toute particulière que j'encourais,
« par suite de mes liens de parenté avec cette famille, il pou-
« vait bien laisser momentanément de côté cette methode
« pour la reprendre ensuite ailleurs si bon lui semblait ; j'eus
« beau, dis-je, lui représenter toutes ces raisons; il n'y eut pas
« moyen de lui faire lâcher prise ; il fallut, à mon grand re-
« gret, tolérer les granules.

« Remarquez que je ne dis rien de la situation inférieure
« d'*officier* (petit o) de santé de M. Chalamet, *vis à vis* de la
« mienne de *Docteur* (grand D), et pourtant cette situation ne
« lui commandait-elle pas d'être un peu moins arrogant et
« plus souple ?

« Cependant je ne crois pas, qu'en consultation, avec des
« confrères, on puisse trouver quelqu'un de plus *facile* (!) que
« moi. J'en prends à témoin *quelques uns* (sic) des confrères qui
« m'entourent, avec qui j'ai eu l'honneur d'être en consultation
« même un certain nombre de fois, avec *quelques uns* du
« moins.

« Enfin, bref, deux de nos malades guérirent, et la troisième
« mourut.

« Cette dernière, qui était ma cousine, presenta avant sa
« mort des symptômes bizarres qui éveillèrent profondément
« mon attention : refroidissement général, anxiété respiratoire,
« et *par moment* interruptions de la respiration, syncopes
« momentanées, regard fixe, immobile, vomissements, ventre
« considérablement ballonné, nullement douloureux.

« J'avoue que je n'avais jamais vu mourir de fièvre typhoïde
« avec des symptômes semblables. Néanmoins je ne dis rien.

« Quelques temps après, mon cousin vint me régler mes
« visites et en causant de ses malades, il me fit toute une
« révélation. Il me raconta que dès que j'avais tourné le dos,
« M. Chalamet modifiait dans l'intervalle sa médication à sa

« guise ; il faisait avaler granules sur granules, et nous fîmes
« le calcul que la personne décédée avait avalé à certains
« moments chaque jour au moins 40 granules à 1 milligramme
« de chacune des espèces suivantes : digitaline, aconitine,
« arséniate de strychnine, etc. (1).

« Je ne pus alors, je vous le jure, contenir mon indignation,
« et m'empêcher de dire à moi-même que ma pauvre cousine
« était probablement morte empoisonnée. Je me repentis pro-
« fondément, mais un peu tard, d'avoir été aussi tolérant et de
« n'avoir pas rompu plus tôt avec le confrère ; mais je me
« promis bien dorénavant de ne plus l'être autant.

« L'année suivante, c'est-à-dire, l'année dernière (2) au mois
« d'octobre, dans la même famille, *un* enfant (3) *épargné* (sic)
« l'année précédente, tombe malade de fièvre typhoïde.

« Nouvelle consultation avec M. Chalamet que j'acceptai
« encore ; mais intolérance encore plus grande de sa part
« *vis à vis* des granules.

« Alors, moi-même, me rappelant ce qui s'était passé l'année
« d'avant et combien j'avais eu d'amers regrets d'avoir été
« aussi tolérant, et d'avoir laissé peut-être mourir quelqu'un des
« miens par ma faute, je laisse partir le confrère, et je m'a-
« bouche avec mon cousin, et lui *dit* (sic): Il n'est pas possible
« de nous entendre avec M. Chalamet pour voir votre malade
« ensemble ; d'ailleurs aucun médecin n'a *jamais* (!) pu et ne
« pourra jamais s'entendre avec lui ; il vous faut choisir entre
« lui et moi. Mon cousin me répondit alors : Venez tout seul, je
« ne veux plus entendre parler de M. Chalamet ; il y a long-
« temps que je vous l'ai dit ; vous auriez bien *du* toujours
« venir seul, etc.

---

(1) A un millig. pour la digitaline, à un demi-millig. pour l'aconitine et
l'arséniate de strychnine.

(2) En 1883.

(3) Du sexe féminin.

— 11 —

« Ce fut alors que au bout de *2 à 3 visites* (sic) que je fis seul à
« ma petite cousine, je reçus de M. Chalamet la lettre suivante,
« dont je vais vous donner lecture :

« *St-Donat, 8 octobre 1883.*

« Monsieur,

« Je constate avec peine que vous ne comprenez pas, comme
« il convient, les devoirs que vous impose votre profession. Les
« rapports de bonne confraternité entre collègues, paraissent
« être, notamment pour vous, comme s'ils n'existaient pas.

« Plusieurs personnes, déjà, m'avaient rapporté certains
« propos désobligeants, tenus par vous sur mon compte en
« plusieurs circonstances. Néanmoins, sachant que votre édu-
« cation première avait été toute religieuse ; habitué d'autre
« part à voir en vous, sinon un membre d'un syndicat médical
« (1) — ce titre n'est pas nécessaire pour être correct — mais
« un membre de l'Association fraternelle des anciens élèves du
« Petit-Séminaire, pour toutes ces raisons et pour d'autres
« encore, je me refusais à croire.....

« Mais, quand aujourd'hui, je vous vois, Monsieur, venir jus-
« qu'à trois fois, visiter un (2) malade que vous savez être soigné
« journellement depuis quatre semaines par un de vos confrères,
« sans que vous daignez l'appeler en consultation ; bien plus,
« quand je vous vois critiquer, légèrement, devant les parents
« du malade, la médication instituée par le confrère, vous
« avouerez qu'il ne m'est plus permis d'avoir des doutes sur
« votre caractère, et vous ne m'empêcherez pas de dire que
« cette façon d'agir n'est pas celle d'un médecin qui respecte
« ses collègues, ni qui se respecte lui-même.

« J'ai l'honneur de vous saluer,

« H. Chalamet, *Médecin à St-Donat.*

---

(1) Ne l'ayant encore vu à aucune réunion, l'auteur de cette lettre pensait
que M. Pangon ne faisait pas partie du syndicat médical.

(2) *Un* et non pas *une*, l'auteur de la lettre ayant en vue un malade en
général, dont la famille n'est même pas nommée.

« La présente lettre recevra dans la huitaine la publicité
« qu'elle comporte (1) ».

« Pendant les jours qui suivirent la réception de cette lettre,
« nul ne fut plus attentif que moi à lire les divers journaux de
« la région et d'ailleurs, pensant toujours y trouver un article
« me concernant ; mais je fus comme sœur Anne, je ne vis rien
« venir.

« Enfin au bout de deux mois, il se passa ce que je vais vous
« raconter :

« Depuis un an environ je recevais de loin en loin, tous les
« 2 ou 3 mois gratuitement bien entendu quelques numéros
« *d'un certain* journal de médecine dosimétrique.

« Il se rencontra que dans le seul mois de *Décembre*, j'en
« reçus 3 ou 4 (2) numéros absolument les mêmes. Je ne
« m'expliquais pas cette prodigalité et j'en causais un jour avec
« un de mes confrères de St-Vallier M. le docteur Dufour qui
« me répondit : Je vais vous en donner l'explication ; c'est que
« dans certains passages de ce journal vous êtes mis sur le tapis.

« Je me *précipitais* (!) alors chez moi, et j'y découvris deux
« articles dont je vous demande la permission de vous donner
« lecture : (Voir le Répertoire de médecine dosimétrique. Decem-
« bre 1883, pages 727 et 743) (3).

« Je prie ces Messieurs de souligner les mots : Docteur ; répé-
« tés plusieurs fois.

« N'y a-t-il pas *la* une usurpation de titre ?

« Pour toutes ces raisons et pour d'autres que des confrères
« vous ont déjà fait valoir, ou vous feront valoir, je demande
« que M. Chalamet de St-Donat soit rayé du syndicat de la

---

(1) Après réflexion, M. Chalamet estima qu'il était préférable de ne pas
saisir la presse de ce différend.

(2) Ce n'est plus 3 *à* 4, comme pour les visites. Il y a progrès.

(3) Ci-après, pag. 29 — 32.

« Drôme et de l'Ardèche, comme s'en étant rendu indigne par
« sa conduite *vis à vis* de ses confrères syndiqués. Je ferai
« même observer que dans le cas *ou* M. Chalamet serait con-
« servé dans notre association syndicale, je ne *verrai* plus
« moi-même la possibilité d'en faire partie, et cependant j'avoue
« que je suis un partisan *acharné* (!) de ces sociétés si émi-
« nemment utiles à notre profession.

« Je fais du reste partie de 2 syndicats et dans chacun des-
« quels je suis membre fondateur.

    « Le 8 octobre 1884.   « PANGON.

« Après la lecture de ces diverses pièces et après discussion,
« la chambre syndicale, en vertu de l'article 33 des statuts du
« syndicat médical de la Drôme et de l'Ardèche, et à l'unani-
« té des membres présents, propose à l'Assemblée générale la
« radiation et l'exclusion de M. Chalamet; elle propose en ou-
« tre que la décision de l'Assemblée générale soit imprimée
« dans deux journaux médicaux, savoir le *Concours médical de*
« *Paris*, et le *Lyon médical*.

« Le présent rapport (1), a été signé, fait en double ; un
« exemplaire a été envoyé à l'intéressé.

                            « V. COZE.
                  « Syndic du cercle de Valence
           « Rapporteur à la Chambre syndicale. »

M. le Président. — Messieurs, vous avez entendu l'énumération des griefs articulés contre M.
Chalamet par plusieurs confrères. Il est juste que
maintenant la *Défense* se produise. En conséquence,
M. Chalamet, vous avez la parole.

---

(1) Dont la présente reproduction est de tout point conforme à l'exemplaire
envoyé à l'intéressé.

RÉPONSE

de M. CHALAMET, médecin à St-Donat, au Rapport (ou Réquisitoire) de la Chambre syndicale.

—

M. CHALAMET

Messieurs,

Vous vous rappelez qu'à la dernière Assemblée générale — en mai dernier — il vous fut annoncé par M. le Secrétaire qu'une plainte avait été déposée par un collègue contre l'un d'entre nous.

Avant d'aborder le fond de cette plainte, j'estime que, pour l'intelligence et l'appréciation des faits, il est nécessaire d'entrer dans l'exposé de certains détails, et de vous donner un aperçu des diverses phases par lesquelles a passé l'affaire avant la réunion d'aujourd'hui.

Et d'abord, à la date du 3 octobre dernier, M. le Secrétaire m'écrit la lettre que voici :

« Syndicat médical
« de la Drôme et de l'Ardèche.

——

          « Valence, le 3 octobre 1884.

« Monsieur et très honoré Confrère,
« J'ai l'honneur de vous annoncer que la réunion de la Chambre syndicale
« aura lieu le 8 octobre prochain dans mon cabinet à 1 heure de l'après-
« midi.
« Je vous prie instamment de vouloir bien y assister.
« Agréez, Monsieur et très honoré Confrère..., etc...
      « Pour le Président, le Secrétaire :
        « ROMAIN,
       « Rue de la Préfecture.

« ORDRE DU JOUR : Affaire de M. CHALAMET, de St-Donat.
« Vous serez entendu, suivant votre désir, et parce que cela est juste. »

Le confrère visé par la plainte est donc moi !

Le jour de la réception de cette lettre, je réponds :

« St-Donat, le 4 octobre 1884.

« Monsieur le Secrétaire,

« En me priant d'assister, mercredi prochain, à la réunion de la Chambre
« syndicale, pour l'affaire qui me concerne, vous ne m'indiquez pas quelle
« est la nature de cette affaire. J'ignore complètement de quoi il s'agit. Si c'est
« la plainte dont il a été question dans la dernière assemblée générale, j'ex-
« prime le désir que cette plainte — quoique je n'en connaisse ni l'objet ni
« l'auteur — soit examinée et qu'il y soit statué en pleine assemblée géné-
« rale, parce que c'est là que la question a été soulevée.

« Dans tous les cas, il me parait juste d'être, avant tout déplacement, ins-
« truit en deux mots au moins du vrai motif de mon appel à Valence.

« Espérant, Monsieur le Secrétaire, que vous voudrez bien prendre ma demande
« en considération, je vous prie d'agréer..., etc...

H. CHALAMET.

Messieurs, la Chambre syndicale, par l'intermédiaire de
l'un de ses membres, se trouvait, depuis le mois de mai
dernier, saisie d'une plainte et, d'autre part, l'auteur ou les auteurs de cette plainte avaient eu tout le temps nécessaire pour
préparer contre moi l'articulation de leurs griefs ; il me pa-
raissait donc équitable d'être, à mon tour, avisé de la nature
de ces griefs, au moins quelques jours d'avance, afin d'y ré-
pondre en séance, lors de la réunion de la Chambre syndicale.

Voilà toute la raison de la lettre dont je viens de vous donner lecture.

M. le Secrétaire me répondit :

Valence, le 6 octobre 1884.

« Monsieur et honoré Confrère,

« J'en ai référé à notre Président qui m'a répondu que les griefs seraient
« articulés par MM. les docteurs Filhol et Pangon en séance de la Chambre
« syndicale. Il a paru convenable que l'accusation et la défense se produisis-
« sent simultanément, afin d'éviter tout jugement préconçu.

« Ce sera pour après-demain *2 heures*, au lieu d'une heure.

« Recevez Monsieur, mes salutations.

« ROMAIN. »

Il paraît incontestable que MM. Filhol et Pangon — pour le moment il ne s'agit que d'eux seuls — en saisissant M. le Président (ou M. le Secrétaire) d'une plainte contre un confrère, avaient dû exposer dans leur plainte les motifs qui la leur inspiraient, l'objet de l'accusation, le nom de l'accusé (1).

Cependant, par sa lettre du 6 octobre, M. le Secrétaire, comme vous venez de le voir, Messieurs, ne répond pas à l'objet de ma demande. Et lorsqu'il me dit : « Il a paru convenable que *l'accusation et la défense se produisissent simultanément*, afin d'éviter tout jugement préconçu », ces paroles, pour ne rien dire de plus, ne sont pas l'expression de l'exacte vérité, car, enfin, depuis longtemps, l'accusation était produite et les éléments de cette accusation préparés par leurs auteurs.

Fatigué de voir qu'on n'accédait pas à mon désir et qu'on me mettait dans l'impossibilité de préparer ma défense, le jour de la réunion de la Chambre syndicale, c'est-à-dire le 8 octobre je fis savoir par télégramme que : « j'étais invité ce jour-là, à « dîner à Châteauneuf-de-Galaure, de le dire à MM. Filhol et, « Pangon (2) ».

J'avoue volontiers que ce motif, pour m'excuser de comparaître devant la Chambre syndicale, n'était peut-être pas très-sérieux. Mais ce n'est pas à moi à l'apprécier.

Deux jours après, je reçois de M. le Secrétaire une lettre m'annonçant que la Réunion générale aura lieu le 29 octobre, et que la Chambre syndicale vient de prononcer mon exclusion.

---

(1) **M. le Secrétaire.** — Pardon, aucune plainte n'avait été déposée avant la réunion de la Chambre syndicale.

M. Chalamet. — Aucune plainte régulièrement articulée, je ne le conteste pas, mais le nom ou les noms des demandeurs étaient bien au moins connus.

(2) Rires de l'auditoire.

Voici cette lettre :

« Valence, le 9 octobre 1884.

« Monsieur et très honoré Confrère,

« J'ai l'honneur de vous annoncer que la 2ᵉ réunion générale de la pré-
« sente année aura lieu le mercredi 29 octobre dans la salle de la Mairie, à
« 2 heures de l'après-midi.

« Je vous prie instamment de vouloir bien y assister.

« Agréez, Monsieur et très honoré Confrère..., etc...

« Pour le Président :
« Le Secrétaire :
« ROMAIN.

« P.-S. La Chambre syndicale, après avoir entendu diverses dépositions
« et constaté une usurpation de titre, dans le Répertoire de *Burgraeve* (sic),
« vu une circulaire qui est absolument en dehors de nos usages, *a prononcé*
« *votre exclusion* du syndicat.

« J'ajoute que si vous croyez cette décision insuffisamment fondée, vous
« avez le droit d'en appeler à la prochaine assemblée (29 courant). »

R...

Je ne peux passer outre, ici, Messieurs, sans appeler votre attention sur ces mots du post-scriptum : « *La Chambre syndicale a prononcé votre exclusion* ».

Aux termes de l'article 33 de vos statuts : « L'assemblée générale a seule le droit, sur l'avis motivé de la Chambre, après avoir *entendu les intéressés*, d'appliquer la censure, l'amende la radiation et *l'exclusion* ».

Pourquoi, M. le Secrétaire, alors, m'apprend-il que mon exclusion est prononcée ? Etait-ce ignorance, était-ce calcul de sa part ? Pensait-il, au moyen de cette expression inexplicable, me détourner de l'idée d'en appeler à l'Assemblée générale, et supposait-il que je ne verrais pas là une violation formelle du Règlement ? (1)

---

(1) **M. le Secrétaire.** — Il n'y avait aucun calcul de ma part.

M. Chalamet. — C'était par ignorance alors ?

M. le Secrétaire. — C'était uniquement par ignorance (!!)

2

Bref, sachant que la Réunion générale aurait lieu le 29, j'écrivis à M. le Secrétaire, à la date du 26 octobre, que « j'en appelais à l'Assemblée générale de la mesure dont j'avais été frappé « le 8 octobre par la Chambre syndicale ».

Au moment où je me disposais à partir, mercredi passé, 29 octobre, — je vous prie de remarquer que c'est le jour même pour lequel je suis convoqué, et non la veille, ainsi que cela aurait pu et aurait dû se faire, — à ce moment, je reçois la toute petite lettre que voici — je dis petite à raison de l'exiguïté de son format (1) — dans laquelle M. le Secrétaire me dit :

            « Valence, le 27 octobre 1884.

« Mon cher Confrère,
« La réunion du syndicat ne pourra avoir lieu que le 5 novembre prochain.
« Vous serez donc entendu ce jour-là.
« Recevez mes civilités.

               « ROMAIN. »

On pourrait parler à son confrère plus brièvement et plus... sèchement encore.

Quatre jours après, le 31 octobre, M. le Secrétaire, un peu plus poliment cette fois — afin de ne pas me laisser, je pense, sous une fâcheuse impression — me réitère le même avis, en m'écrivant que la réunion aura lieu à 3 heures et demie et que l'ordre du jour porte : « Tarif médico-légal; affaire Chalamet de St-Donat ».

Enfin, samedi passé, premier novembre, m'arrive, envoyé par M. le Syndic, le Rapport au sujet de la décision prise par la Chambre syndicale à mon encontre, et dont M. le Rapporteur vient de vous donner lecture.

-----

(1) La moitié d'une mauvaise feuille de papier à lettre irrégulièrement partagée.

Voici la lettre qui accompagnait le rapport :

SYNDICAT MÉDICAL
DE LA DROME ET DE L'ARDÈCHE.

Valence, le 31 octobre 1884.

CERCLE DE VALENCE

Cabinet du Syndic.

N° 16.

Monsieur

J'ai l'honneur de vous envoyer *ci-joint* (sic) la copie du rapport fait à la Chambre syndicale du syndicat médical de la Drôme et de l'Ardèche, et de la décision prise par la dite chambre, décision qui ne peut être ratifiée que par l'assemblée générale (article 33 du chapitre III des statuts du syndicat.)

Veuillez, Monsieur, agréer mes salutations.

V. COZE.
Syndic du Cercle de Valence
Rapporteur à la Chambre syndicale.

« M. Chalamet, officier de santé à St-Donat. »

Vous remarquerez, Messieurs, que la décision de la Chambre syndicale a été rendue le 8 octobre et que le Rapport m'en est seulement adressé le 1er novembre, trois jours avant la Réunion générale d'aujourd'hui (1).

Ici, on ne me signifie plus mon exclusion, comme dans la lettre de M. le Secrétaire, mais sans m'avoir entendu, on articule contre moi des griefs que l'on range — par ordre chronologique — sous cinq chefs principaux; on leur attribue un caractère de gravité qu'un examen attentif leur enlèvera, je l'espère,

---

(1) **M. le Syndic,** *rapporteur.* — Il fallait bien le temps de faire le rapport. Au reste, ce n'est pas ma faute s'il vous a été adressé si tard.

M. Chalamet. — Je ne prends pas à parti M. le Rapporteur, je me contente de constater le fait.

et l'on vous propose ma radiation et mon exclusion du syndicat.

C'est pourquoi, Messieurs, j'en appelle aujourd'hui à la présente assemblée générale, et, entrant immédiatement dans le fond de la question, je sollicite toute votre bienveillante attention.

Plusieurs de mes honorables accusateurs, je suis obligé de le faire observer, font partie de la Chambre syndicale et siègent devant moi au Bureau, mais ce ne sera pas une raison — bien au contraire, j'en suis persuadé — pour que je voie apporter la moindre entrave à ma défense.

Il y a d'abord M. Filhol (1) ; c'est le premier plaignant qui m'ait été signalé par M. le Secrétaire.

M. Filhol mécontent — tout me le faisait supposer — de mon installation à St-Donat, où, avant mon arrivée, il venait très-fréquemment soigner des malades, M. Filhol, dis-je, n'hésita pas, un jour, à faire contre moi une plainte au Parquet.

Dans cette plainte, se basant sur la loi surannée de ventôse, an XI, il me reprochait, entre autres choses, de m'être livré, sans le concours d'un docteur, à une grande opération chirurgicale (2). C'était, entre parenthèse, une accusation sans nul fondement (3), formulée dans le but de me nuire et inspirée uniquement par une jalousie.... vulgaire.

---

(1) Absent.

(2) La loi ne définit pas la grande opération chirurgicale. Dans les cas d'urgence, tout médecin peut et doit intervenir chirurgicalement, quelle que soit la nature de l'opération. Et lorsqu'il n'y a pas urgence, quel est l'homme de l'art assez peu conscient de sa responsabilité, qui, le pouvant, ose, sans appeler un confrère, se livrer à une grande opération chirurgicale ? (Bergeron, Legrand du Saule, etc.....)

(3) Cas de fracture de jambe.

Je ne pus, dans une certaine circonstance, m'empêcher de lui aire concevoir, un peu vivement, et devant témoins, l'odieux de cette mesure.

M. Filhol chercha à atténuer la gravité du fait, mais ne le nia pas. Il est facile de comprendre qu'il ait conservé un souvenir plus ou moins agréable de la discussion que j'eus avec lui à ce sujet et que, l'occasion se présentant, il ait cherché à en tirer parti. Malgré cela, vu l'état de santé (1) dans lequel, paraît-il, se trouve en ce moment M. Filhol, je suis loin de lui en vouloir.

Après M. Filhol, c'est M. Gazet de Tournon, qui se plaint, lui, d'avoir été « l'objet, de ma part, de critiques malveillantes au « sujet d'un appareil inamovible chez un de ses clients, alors « que je ne possédais aucun titre universitaire. »

En remontant dans mes souvenirs, à 5 ou 6 ans en arrière, je me rappelle une fracture comminutive d'une jambe dont M. Gazet voulait, à tout prix, pratiquer l'amputation ; or, le malade, qui n'avait pas voulu consentir à l'opération, guérit et marche aujourd'hui très-bien.

Il est possible qu'étant simple étudiant, j'aie émis, à cette époque, quelques réflexions sur la conduite du chirurgien en pareil cas. Qu'y aurait-il eu là d'exorbitant ? N'avais-je pas le droit, comme le dernier des mortels, de risquer une critique légère à ce propos ? Et, si je n'étais pourvu, alors, « d'aucun titre universitaire », qu'est-ce qui autorise M. Gazet à se plaindre de moi ? La loi, les règlements mêmes des syndicats ont-ils un effet rétroactif ?

Mais, dit le Rapport, et c'est M. François, l'un de vos vice-présidents, qui s'élève contre moi, « j'ai usurpé le titre de doc-

---

(1) Convalescence de fièvre typhoïde.

« teur en médecine, alors que je ne suis qu'officier de santé ». Je proteste contre cette allégation.

Personne, pas plus M. François qu'un autre, n'a lu sur ma plaque : « Docteur en médecine ».

Et si cette plaque a été enlevée de ma porte, depuis un certain temps, c'est parce que j'ai pensé, étant suffisamment connu, qu'elle n'y était plus nécessaire.

M. François, en tournée d'inspection de pharmacies, s'introduisit chez moi, un beau matin, il y a environ 3 ans, et me pria de lui montrer mon diplôme.

Par condescendance, j'acquiesçai à son désir. Aujourd'hui, mieux informé, je n'agirais certainement pas de même ; car, depuis quand, le droit d'inspecter les pharmacies et drogueries, confère-t-il à un médecin le droit d'exiger l'exhibition des diplômes de ses confrères ? (1)

Dans tous les cas, si, ainsi que l'affirme M. François, je commettais une usurpation de titre, on pouvait me poursuivre pour un motif — un seul — pour le préjudice causé aux parties intéressées. M. François, mais surtout des collègues plus rapprochés auraient pu me réclamer des dommages-intérêts. Pourquoi ne l'ont-ils pas fait ? Il aurait été curieux de les voir entreprendre une affaire de ce genre, mais plus curieux encore de voir où ils auraient puisé les éléments de leur poursuite.

Ce n'est pas tout : « Malgré les avis de M. François — « ajoute le rapport — j'ai usurpé une seconde fois — en « supposant que je l'ai usurpé une première — j'ai usurpé une

---

(1) Ici **M. François** (se lève subitement et s'écrie) : Un instant, Monsieur, vous allez entendre la loi. Monsieur le Président, suspendez la séance, je vous prie, le temps de passer à la bibliothèque et d'apporter le texte de la loi. — (La séance est suspendue. — M. François sort. — Il rentre au bout de quelques minutes n'apportant rien et dit) : « Après nous verrons. »

M. le Président. — Continuez.

« seconde fois le titre de docteur en médecine dans un jour-
« nal médical, le *Répertoire universel de médecine dosimétri-
« que du docteur Buggraeve* ».

A cela je répondrai : Le Répertoire m'a, en effet, attribué le
titre de docteur, dans son numéro de décembre dernier.

Voudrait-on m'obliger à tracer des règles de style au Direc-
teur de cette publication ? J'ai compté, l'autre jour, en feuille-
tant plusieurs numéros de ce journal, un chiffre de plus de 40
médecins officiers de santé à qui cet organe donnait le titre de
docteur. Encore une fois, je n'ai pas, que je sache, un rôle de
surveillance à exercer auprès de lui à ce sujet.

Au surplus, il est assez d'usage, Messieurs -- c'est un usage
que je n'ai ni à louer ni à blâmer, si j'étais médecin de 1re
classe, je protesterais *peut-être* contre la coutume — il est
assez d'usage dans le public ordinaire de donner indistincte-
ment à tous les médecins la qualification de docteur. Or,
chose surprenante ! cet usage tendrait, parait-il, à pénétrer
dans les mœurs du public médical lui-même ; car, ne voilà-t-il
pas M. le Secrétaire du syndicat, M. le docteur Romain lui-
même, qui par deux fois, m'appelle M. le docteur, et dans sa
lettre du 8 octobre et dans celle du 31 octobre. Il est vrai
que M. le Syndic Rapporteur a réparé cette faiblesse, en
adressant son Rapport à M. Chalamet « officier de santé à
St-Donat ».

Eh bien ! Messieurs, de l'attribution de cette qualification
de docteur et par le Répertoire et par le Secrétaire, inférera-t-
on que j'ai commis une usurpation de titre ?

On me reproche, ensuite, de « tromper sur l'origine de mon
« titre d'officier de santé, parce que je m'intitule de la Faculté
de Lyon ». C'est M. Lassagne qui a fait ou qui a consenti à
faire cette découverte, en présentant à la chambre syndicale
une circulaire dont je parlerai tout à l'heure.

Après les rapports que j'avais eus avec lui, j'ai été étonné, pour ne rien dire de plus, de voir M. Lassagne en cette affaire.

Quoiqu'il en soit, je proteste énergiquement contre l'intention qu'on me prête d'avoir voulu ou de vouloir tromper sur l'origine de mon titre, en m'intitulant « de la Faculté de Lyon ».

J'ai fait toutes mes études médicales à la Faculté de Lyon; que j'aie reçu mon diplôme à Grenoble ou à Marseille, peu importe, je n'en resterai pas moins, envers et contre tous, Etudiant et par conséquent « Médecin de la Faculté de Lyon. »

J'aborde enfin la pièce de résistance du Rapport, je veux dire la plainte formulée par M. Pangon, mon principal accusateur.

Mes relations avec M. Pangon avaient été, extérieurement au moins, à peu près convenables, jusqu'au mois d'octobre de l'année dernière. C'est ainsi, qu'il y a deux ans, il ne se serait pas permis de visiter en mon absence, ou plutôt à mon insu, un de mes malades habituels. C'est ensemble que nous voyions, il y a deux ans, la famille Albert, de Saint-Donat, dont il vous a parlé. Quand il venait, il y avait consultation. Et malgré quelques discussions « orageuses », comme il le dit lui-même, tout se passait correctement.

Mais, l'année dernière, dans la même famille, pour une enfant que je voyais seul journellement depuis un mois, il n'en fut plus de même.

M. Pangon visita, trois fois, la petite malade en mon absence; il critiqua ma médication. Je fus tellement surpris, tellement indigné de ce changement d'attitude chez mon confrère, que je lui écrivis la lettre relatée dans le rapport et dont vous avez entendu la lecture (1).

Cependant, Messieurs, « Les médecins honorent leur profes-« sion en s'honorant eux-mêmes dans leurs rapports confra-

____

(1) Supra, p. 11.

« ternels et, par conséquent, en observant vis-à-vis les uns des
« autres, les plus grands égards en actions et en paroles. »

Cependant, Messieurs : « Tout médecin appelé en consultation
« doit s'abstenir vis-à-vis du malade et de son entourage de
« toute réflexion pouvant préjudicier au médecin ordinaire....
« toute improbation émise en dehors du lieu de consultation
« et pouvant jeter la défaveur sur l'un des consultants est ré-
« préhensible... — et... — le médecin appelé en consultation --
« puisque, de l'aveu même de M. Pangon, il y avait consulta-
« tion — ne devra revoir le malade que s'il est appelé de
« nouveau ou autorisé par le médecin traitant ».

Voilà ce que disent expressément les articles 1, 9 et 10 du
chap. VII de vos statuts.

Eh bien ! Messieurs, M. Pangon — il est facile de le voir —
a contrevenu formellement à ces articles, relativement à l'enfant Albert. J'avais le droit de porter plainte contre lui. Je ne
l'ai pas fait.

Et aujourd'hui, celui qui, pour moi, est coupable, celui que
j'aurais pu accuser, se transforme en accusateur !

Et quel accusateur ! Ah ! la plainte qu'il a formulée à la
réunion de la chambre syndicale et dont j'ai reçu communica-
tion, il y a seulement trois jours, est pour moi féconde en révéla-
tions inattendues et pleine d'enseignements. Après l'avoir lue,
j'avoue franchement qu'il ne m'est plus permis d'avoir le moindre doute, ni sur le caractère du plaignant, ni sur la rectitude
de son jugement, ni même sur la profondeur de sa science.

Appréciations fantaisistes, insinuations mensongères, accusations perfides et calomnieuses — le tout étayé sur des réflexions dont on ne sait ce qu'il faut le plus admirer — l'in-
cohérence ou l'inanité — tels sont les moyens auxquels M.
Pangon, je ne crains pas de l'avancer, ose avoir recours.

C'est d'abord la famille en question « *qui ne veut plus de moi* ». Albert, au dire de M. Pangon, le lui déclare formellement. Mais, si Albert, il y a deux ans, « ne voulait plus de moi », pourquoi s'empresse-t-il, il y a un an, de réclamer de nouveau mes soins ? Albert « ne voulait plus de moi » avant la mort de sa femme, qui fut soignée, dans la seconde période de sa maladie, par M. Pangon et par moi : mais, après le décès de sa femme, il me réclame seul, l'année suivante, pour soigner la fièvre typhoïde de son enfant !

« Des consultations « *assez orageuses* » — ajoute le plai« gnant — eurent lieu entre lui et moi. Lui luttant pour con« server ses granules, moi-même combattant pour les lui faire « supprimer ou tout au moins diminuer »; et, un peu plus « loin : « il n'y eut pas moyen de lui faire lâcher prise, il fal« lut, à mon grand regret, tolérer les granules ».

Fausseté manifeste : les consultations étaient parfois « orageuses », je l'admets, mais, d'un commun accord, nous rédigions, l'ordonnance, et, à mon grand regret, *je lâchais prise*, consentant non pas à supprimer complètement, mais à diminuer le nombre des granules, concession dont, aujourd'hui, autant et plus que M. Pangon de sa tolérance à mon égard, je me repens amèrement.

« *La méthode que je proposais*, dit mon accusateur, *n'était* « *pas nouvelle, elle était scientifique, classique, enseignée dans* « *toutes les facultés de l'Etat.... tandis que la sienne n'avait* « *nullement fait ses preuves* ».

Dans la pensée de M. Pangon, il n'y a donc que ce qui est enseigné dans les Facultés de l'Etat qui soit vrai, scientifique, efficace ? Pour qu'une médication guérisse, faut-il donc qu'elle ait reçu l'estampille de l'Académie de médecine ? M. Pangon parle d'une thérapeutique « *scientifique, classique* » et qui a sur toute autre ses préférences.

Eh bien ! je réponds hardiment à M. Pangon que la vérité

n'existe pas en médecine, qu'il n'y a pas de médecine scientifique. Car, si elle existait, où trouver un médecin assez sot,
et assez coupable pour ne pas l'embrasser immédiatement ?

Je n'ai pas demandé à M. Pangon de m'amener sur le terrain
doctrinal, mais, par la nature de son accusation, il m'y a placé ;
je suis bien obligé de m'y défendre.

Je laisse, ici, la parole aux maîtres officiels de la thérapeutique actuelle.

Eh bien ! voici que, du haut de la tribune de l'Académie de
médecine, Malgaigne dit à M. Pangon : « Absence complète
« de doctrines scientifiques en médecine, absence de princi-
« pes dans l'application de l'art, partout l'empirisme, tel est
« l'état de la médecine ! »

Voici Marchal de Calvi qui écrit dans la « *France médicale
et pharmaceutique* » : « Il n'y a déjà plus en médecine, et cela
« depuis longtemps, ni principes, ni foi, ni lois. Nous construi-
« sons une tour de Babel, ou pour mieux dire, nous ne con-
« struisons plus rien ».

Voici Amédée Latour qui déclare dans l'« *Union médicale* »
que : « La médecine actuelle a dévié de ses voies naturelles,
elle a perdu de vue son noble but, celui de soulager et de
guérir ».

« Voici Germain Sée qui s'écrie : « Quant au traitement, il
» passe à côté, il est plein de lacunes ; il semble qu'on ait per-
« du le véritable objectif de l'honneur de l'art, qui est la
« guérison du malade ».

Voici Claude Bernard lui-même qui dit à M. Pangon : « L'art
« de guérir n'existe pas, et malheureusement il n'y a pas de thé-
« rapeutique dans l'état actuel de la médecine ».

Voici Fonssagrives qui lui apprend que : « Nous sommes à
« une heure d'agitation et d'incertitude médicales, » que « l'es-
« prit médical est gangréné de scepticisme. »

Faut-il lui citer encore les paroles des Bayle, des Gubler et de maintes autres notabilités médicales tant françaises qu'é-trangères. Je le pourrais, mais il y en a assez, à mon avis, pour démontrer à M. Pangon que, pas plus pour lui que pour les autres, il n'existe en thérapeutique de méthode *scienti-fique* et *classique* et que, par conséquent, il ne lui sied pas de repousser systématiquement et de parti pris la médication d'un confrère, qu'au surplus il déclare *ne pas connaître*.

Ne sait-il pas, au reste, que « tous les médicaments — ainsi que le lui enseigne encore Fonssagrives — ont eu ou auront, comme l'antimoine, leur « *currus triumphalis* ». Un exemple entre mille :

Il y a deux ans, on était, et M. Pangon plus que tout autre, partisan acharné de l'acide phénique en lavements, comme antithermique dans la fièvre typhoïde.

Un médicament, à propos, pour lequel — à mon grand regret, maintenant — je lâchai encore prise en consentant à en laisser faire l'application à M. Pangon, chez la malade qui nous occupait (1). Eh bien ! plusieurs faits d'empoisonnement ont été relatés à son adresse, et combien trouverait-on encore de médecins qui oseraient, aujourd'hui, y recourir comme précédemment ?

Je n'ai pas à faire ici l'apologie d'une méthode quelconque, pas plus celle de la dosimétrie que celle de l'allopathie.

Au reste, si cela peut offrir de l'intérêt à quelques-uns, j'ai à dire que je ne me déclare pas plus dosimètre qu'allopathe exclusif. Je prends mon bien où je le trouve. Seulement, je me contenterai de faire observer à M. Pangon, que, dans les discussions que nous avons eues ensemble, j'ai remarqué qu'il ne

(1) **M. Pangon.** — C'est vous qui l'aviez prescrit, quand j'arrivai.

M. Chalamet. — Comme antiseptique, c'est vrai, mais vous en augmentâtes les doses.

connaissait pas le premier mot de la méthode dosimétrique. Remarque, au reste, que son propre aveu est venu confirmer.

Il ne sait pas, par conséquent, que la méthode dosimétrique dont, je le répète, je ne suis pas partisan exclusif, ainsi que je l'ai écrit dans le *Répertoire de médecine dosimétrique* (1), et vous l'avez entendu tout à l'heure, il ne sait pas que la dosimétrie n'est pas un système, et que ce ne sont pas les granules qu'elle emploie, mais uniquement leur mode d'administration qui en constitue le caractère essentiel.

---

(1) St-Donat, 25 octobre 1883.
Monsieur et très honoré maitre, *

Si l'éclectisme n'a de raison d'être ni en religion ni en philosophie, j'estime qu'en clinique, il doit se donner libre carrière. Le médecin ne doit pas plus s'engouer pour un système ou un médicament nouveau, qu'il ne doit, à priori, les rejeter.

Son devoir, c'est d'étudier, théoriquement d'abord, puis physiologiquement, les divers moyens qu'emploie l'art de guérir. Et lorsqu'il passe sous ses yeux des observations cliniques nombreuses, toutes favorables à une méthode nouvelle, lorsqu'il lui est prouvé que cette méthode nouvelle a pour elle, outre l'expérimentation scientifique, les données de la raison et du bon sens, je crois qu'il peut, sans crainte de déroger, faire descendre cette méthode des hauteurs de l'abstraction sur le terrain de la pratique. J'estime même que, dans certains cas, où il ne lui est, raisonnablement, plus permis de compter sur l'efficacité des agents ordinaires, le praticien consciencieux doit, dans l'intérêt de sa dignité et encore plus dans l'intérêt de ses semblables, recourir à cette méthode nouvelle, bien qu'elle ne soit pas encore revêtue de la haute approbation de l'Académie de médecine.

C'est là, la marche que j'ai suivie moi-même, timidement d'abord, avec un peu plus de hardiesse ensuite, enfin conformément à vos admirables principes.

Je ne suis pas dosimètre exclusif. Les moyens allopathiques m'ont donné, dans certaines circonstances, d'heureux résultats, mais je dois également à la dosimétrie des succès incontestables que je me propose de faire connaitre.

J'ai ici, dans mon entourage, plusieurs praticiens, entre autres le docteur P., à S.-V., voire même des vétérinaires, qui crient sur les toits à l'empoi-

* Le professeur Burggraeve, fondateur de la méthode et de l'Institut dosimétriques.

Cette méthode, dit M. Pangon, *n'a nullement fait ses preuves*
Si M. Pangon l'avait étudiée et théoriquement et pratiquement
comme c'est, au reste — lorsqu'il s'agit d'un fait médical im-
portant — le devoir de tout médecin qui recherche l'intérêt de

sonnement et me vouent aux gémonies, parce que je prescris les granules
dosimétriques.

Or, pour l'édification de ces messieurs et pour celle des nombreux lecteurs
du *Répertoire*, je vous envoie ci-après, pour aujourd'hui, une observation que
je vous prie de relater. (Voir faits cliniques.)

Recevez, Monsieur le Professeur, en même temps que mon adhésion à l'Institut libre de médecine dosimétrique, l'expression de mes sentiments res-
pectueux.

Docteur CHALAMET.

—·✳·—

FAIT CLINIQUE

Du Docteur CHALAMET, a St-Donat.

—

Pneumonie aiguë jugulée en douze heures.

—

Le 8 octobre dernier, j'étais appelé précipitamment, à dix heures du soir,
auprès d'un vieillard de 82 ans, le sieur Nicolas C...

Cet homme, pensionnaire des Petites-Sœurs des pauvres de Valence, était
venu, le matin, sur une charrette, avec l'un de ses camarades, chercher un voyage
de bois aux environs de St-Donat, et avait fait ainsi 30 kilomètres.

Tempérament lymphatico-sanguin. Veuf depuis 30 ans, exempt d'infirmités
sérieuses. A eu dans le courant de sa vie, dit-il, un certain nombre de refroi-
dissements et une fluxion de poitrine, l'an passé.

Vers les trois heures de l'après-midi, pendant le travail, il a été pris subitement de frissons suivis de chaleur, de serrements d'estomac, de vomissements alimentaires, d'un point de côté à droite et s'est trouvé dans l'impossibilité de marcher.

A mon arrivée, je constate un pouls plein, dur, à 72 ; la température à
39°. La percussion révèle de la submatité à droite, au tiers moyen de la région
latérale; l'auscultation y fait découvrir un affaiblissement du murmure vési-
culaire, mais sans râles.

La respiration est précipitée. Céphalalgie violente ; yeux enflammés ; langue rouge; agitation considérable.

Je diagnostique : Pneumonie aiguë droite.

Je ferai remarquer, pour être complet, que le malade avait, contre son habi-
tude, dîné légèrement en deux fois, à 11 heures et à 1 heure.

ses malades, il ne s'exprimerait peut-être pas ainsi. Mais de par M. Pangon, vous l'avez vu, il n'est plus nécessaire de connaître une chose pour la juger et la condamner.

On est logicien ou on ne l'est pas !

Quelques-uns diront peut-être : « Les symptômes de la pneumonie aiguë chez les vieillards sont rarement caractéristiques; c'était là, tout simplement, une indigestion. »

A cela je réponds : Je n'exclus pas la coïncidence de cette indisposition, mais je sais aussi que les vomissements alimentaires sont loin d'être rares au début des fluxions de poitrine.

Je maintiens donc mon diagnostic.

Voici ma prescription :

1° Aconitine, digitaline, vératrine, arséniate de strychnine de Burggraeve : un granule de chaque espèce, ensemble, toutes les demi-heures, jusqu'à dix de chacune : puis, toutes les heures, si le malade est moins agité.

2° Applications chaudes sur le point douloureux.

3° Boissons émollientes chaudes.

Le lendemain matin, vers les 10 heures, je vais voir mon malade.

Mon ordonnance a été exécutée ponctuellement, grâce au dévouement de la maîtresse de la maison. Mademoiselle des G..., qui a tenu à présider en personne, toute la nuit, à l'administration des alcaloïdes.

J'apprends qu'il y a eu, à partir de dix heures à cinq heures du matin, un délire très violent, puis qu'à cinq heures le malade s'est endormi paisiblement.

A dix heures voici son état : Pouls calme, à 54 : température 36°5 ; respiration normale. Matité et point de côté de la veille disparus ; plus de mal de tête ; langue humide et rosée ; détente générale. Le malade demande à manger et à se lever.

Ce vieillard de 82 ans avait, dans l'espace de dix heures, absorbé seize granules au demi-milligramme d'aconitine, autant de vératrine, autant d'arséniate de strychnine, et seize granules au milligramme de digitaline, en tout cinquante-six de ces violents et redoutables granules qui, au dire des détracteurs de la dosimétrie, ne sont bons qu'à tuer les malades.

Dr CHALAMET.

RÉFLEXIONS.— L'observation qu'on vient de lire est intéressante à plusieurs titres : d'abord elle fait voir combien sont coupables ces pharisiens du corps médical qui veulent à toute force s'opposer à la dosimétrie, et qui livreraient son auteur à la vindicte romaine s'ils en avaient encore le pouvoir.

On sait avec quelle rapidité la pneumonie du vieillard passe à la gangrène. En vain, dira-t-on qu'un vieillard de 82 ans a fait son temps et que c'est

Je n'admets pas que M. Pangon prétende qu'il avait vis-à-vis de sa cousine une *responsabilité toute particulière*. Cette malade étant entre mes mains, dès le début de sa maladie, je devais comprendre et comprenais, au même titre que lui, le degré de responsabilité qui m'incombait en pareil cas.

Je dis, au contraire, que M. Pangon ne se fait pas une idée exacte de la responsabilité médicale.

Comment! j'aurais dû, selon lui, *abandonner au moins auprès de sa cousine*, la médication que j'avais instituée « sauf à la reprendre après, dans toute autre circonstance ». Libre à M. Pangon d'agir ainsi. Quant à moi, l'idée que j'ai de la responsabilité médicale ne me permet pas de faire de ces acceptions de personnes.

Quant à la *situation supérieure* de M. Pangon, docteur-médecin, vis-à-vis de moi, simple médecin officier de santé, je me contenterai, pour toute réponse, de demander à mon accusateur, sans allusion personnelle bien entendu, s'il veut établir par là que c'est le titre qui donne la science, et si c'est la cou-

---

l'âge qui le tue. A ce compte, nous serions bien près de notre fin — que nous cherchons à reculer le plus loin possible, car tous les jours nous comprenons combien nous sommes encore nécessaires pour soutenir de braves confrères dans leur lutte contre des adversaires déloyaux. On pourrait dire de ces derniers :

« Tant de fiel entre-t-il dans l'âme des dévots. »

Car la médecine a aussi ses fanatiques qui crient au sacrilège à la moindre tentative de réforme.

Dr BURGGRAEVE.

(Répertoire de Médecine dosimétrique, décembre 1883, page 743, 727 et 728).

Le lettre et le fait clinique ci-dessus reproduits en annotation figurent dans la plainte de M. Pangon; M. le Rapporteur, à la séance de l'Assemblée générale, a seulement donné lecture de la lettre.

leur du diplôme ou la guérison que le malade réclame avant tout ? (1)

M. Pangon avoue ingénûment que, dans les consultations avec ses confrères, *personne ne se montre plus facile que lui.* Je ne crois pas, Messieurs, que l'on puisse fournir avec plus de naïveté des armes à la critique, tant médicale qu'extra-médicale. Cette qualité dont il se prévaut, je ne la lui envie pas. Ce qui ressort de cet aveu, c'est le degré de confiance que lui inspire sa médication.

Mais quand un médecin n'a aucune confiance dans sa médication — outre qu'il est indigne de porter ce nom — la prudence, le bon sens, le sentiment de sa propre « responsabilité » ne lui commandent-ils pas de réfléchir à deux fois, avant de condamner ou de rejeter celle d'un autre ?

Il est faux que M. Pangon, ayant à peine le dos tourné, *je modifiasse à ma guise la médication* instituée de concert avec lui, en administrant granules sur granules. Dans l'intérêt de

---

(1) M. Chalamet aurait pu ajouter : Et d'ailleurs, aux termes mêmes des programmes, en quoi donc diffèrent les médecins docteurs des médecins officiers de santé ? A part la soutenance de la thèse, et deux inscriptions en plus (16 au lieu de 14) requises pour le doctorat. est-ce que pour les aspirants à l'officiat, les cliniques, les cours, le temps de stage, les examens de fin d'année, les examens de fin d'études ne sont pas, depuis assez longtemps — notamment depuis le décret du 18 juin 1862 — les mêmes que pour les aspirants au doctorat ? Aux malades, en dernière analyse, à faire ressortir entre ces deux ordres, la différence essentielle.

Au surplus, au moment où un nouveau projet de loi sur l'exercice de la médecine est soumis à la Chambre des députés, il n'est peut-être pas inutile de mettre en regard les conditions nécessaires pour obtenir un diplôme de médecin docteur, ou de médecin officier de santé. On verra que la seule différence dans les études consiste en ce que le candidat au doctorat doit justifier des deux baccalauréats et passer une thèse, tandis que l'aspirant à l'officiat — qui peut-être bachelier — n'a pas à fournir les mêmes diplômes littéraires et n'a pas de thèse à soutenir. Mais en revanche, il est obligé de faire à l'hôpital un an de stage de plus que l'aspirant au doctorat.

la malade, je me repens aujourd'hui de ne l'avoir pas fait, car ce n'est pas, malgré la stupéfaction grande de mon accusateur, par

Conditions à remplir pour l'obtention du diplôme

de Médecin docteur.	de Médecin officier de santé.

Etudes préalables.

Baccalauréat ès-lettres et ès-sciences restreint.	Certificat dit de grammaire, comprenant les langues latine, grecque, française, allemande, histoire, géographie, arithmétique, géométrie, géologie, chimie, physique, botanique et zoologie. *Ou :* Diplôme de l'enseignement secondaire spécial. *Ou :* Un baccalauréat.

Etudes médicales.

Première année. — Chimie médicale, Physique médicale, Histoire naturelle médicale. *Travaux pratiques* : Chimie, Physique, Histoire naturelle.	Mêmes cours que pour le doctorat.
Deuxième année. — Anatomie, Histologie, Physiologie, Pathologie interne, Pathologie externe. *Travaux pratiques* : Anatomie, Histologie, Physiologie.	Mêmes cours, plus stage obligatoire à l'hôpital, tous les matins.
Troisième année. — Anatomie, Histologie, Anatomie pathologique, Physiologie, Pathologie interne, Pathologie externe, Opérations et appareils, Thérapeutique et Matière médicale, Pharmacologie, Cliniques médicale et chirurgicale. *Travaux pratiques* : Stage hospitalier, Anatomie, Histologie, Physiologie.	Mêmes cours.
Quatrième année. — Pathologie interne, Pathologie externe, Anatomie pathologique, Pathologie et thérapeutique générales, Pathologie expérimentale, Opérations et appareils, Hygiène, Thérapeutique, Matière médicale, Pharmacologie, Accouchements et maladies des femmes, Médecine légale, Clinique médicale et chirurgicale, Clinique obstétricale, Cliniques spéciales, Histoire de la médecine. *Travaux pratiques* : Stage hospitalier, Médecine opératoire, Anatomie pathologique.	Même cours, moins l'histoire de la médecine.

Examens.

Examens de fin d'année remplacés par 5 *examens définitifs.* *Une thèse.*	*3 Examens de fin d'année.* *3 Examens définitifs.* *Pas de thèse.*

quarantaine, mais par centaine et plus par jour de ces alcaloïdes si redoutables pour quelques-uns, que procède la dosimétrie dans certains cas, ainsi que je l'ai fait moi-même, en
plusieurs circonstances, et, à l'instant même, plusieurs jours de
suite, chez un membre de ma famille (1), et cela à ma grande
satisfaction (2).

C'est pourquoi, Messieurs, dans l'espèce, j'aurais dû, il y a
deux ans, me séparer définitivement de mon collègue et cesser la continuation de mes soins comme, pour un cas analogue,
l'année suivante, ainsi que je le dirai tout à l'heure.

Oui, encore une fois, je me repens *amèrement* de ne l'avoir
pas fait, car la malade mourut.

Eh bien ! Messieurs, en présence de ce dénouement fatal, savez-

---

(1) M. C··· âgé de 46 ans, en proie à une fièvre violente, a absorbé chaque
jour, pendant 4 jours consécutifs, le chiffre minimum de 100 granules dosimétriques d'aconitine, de digitaline, de vératrine, de strychnine *. — Deux gar-
des malades étrangères, le médecin et 5 autres personnes de la famille peuvent
l'attester.

(2) **M. Pangon.** — Les avez-vous vu avaler ? (!!!)

* D'après la méthode Burggraevienne, « les médicaments doivent être ad-
ministrés jusqu'à effet et par petites doses d'autant plus rapprochées que
l'affection est plus aiguë ».
Dans certains cas, notamment chez les enfants, il suffit parfois de quelques granules dosimétriques à un 1/2 mil. d'aconitine, seuls ou joints à quelques cuillerées à café de sirop de chloral pour voir cesser des convulsions
éclamptiques (Observation de l'enfant C... âgé de 8 mois, de Clérieux, avril
1883) ; ou pour voir baisser rapidement une température très élevée, pro-
drôme constant de maladies qui se jugulent et ne vous laissent pas même la
SATISFACTION de les avoir diagnostiquées (Obs. de l'enf. O... de St-Donat,
mai 1883) ;
Dans d'autres cas : De quelques granules à un 1/2 mil. de vératrine accompa-
gnés d'un léger laxatif au sedlitz, pour être témoin de la disparition d'une
dermatose très-douloureuse (Obs. de l'enfant G. de Montchenu, août 1884);
De l'administration, pendant 5 ou 6 jours, de 6 ou 8 granules par jour à un 1|2
mil. d'hyosciamine, et d'autant d'arséniate de strychnine pour voir guérir une
incontinence [d'urine par sub-paralysie de la vessie (Observation du sieur
B... de St-Andéol, vieillard de 81 ans, avril 1884);
D'une dizaine de granules d'aconitine, d'autant de digitaline dans les 24
heures, de 20 grammes de Sedlitz granulé, et du repos au lit, pour constater, au bout de 36 heures, la guérison complète d'une angine catarrhale,
d'une amygdalite commençante avec phénomènes fébriles intenses (Obs. de
Mlle B. de Chavannes, 14 ans, mai 1883). etc..., etc... (Extrait des notes ma-
nuscrites d'un médecin qui n'est pas dosimètre exclusif).

vous ce que fait M. Pangon ? M. Pangon, empruntant avec une habileté rare, la feinte émotion des artistes dramatiques, s'écrie qu'il *ne put contenir* son indignation. M. Pangon brandissant toutes les armes qui lui tombent sous la main, aussi bien celles du mensonge que celles de la calomnie, sauf la seule qu'il aurait dû employer, celle de la science vraie, M. Pangon n'hésite pas à s'écrier que sa cousine est *probablement morte empoisonnée* (1). Quel est le confrère, Messieurs, tant phlegmatique soit-il, qui, victime ex-abrupto de la part d'un collègue, d'une accusation semblable, ne bondirait d'indignation et pourrait retenir le mot de MISÉRABLE ! Eh bien ! Messieurs, je le retiens ce mot.

Je consens à discuter avec mon honorable (!), tout à l'heure je dirai mon savant (!) accusateur.

La malade, dit M. Pangon, *présenta* avant sa mort des *phénomènes bizarres* :

« Refroidissement général, anxiété respiratoire, et par *mo-*
« *ment*, interruptions de la respiration, syncopes momenta-
« nées, regard fixe, immobile, vomissements, ventre considéra-
« blement ballonné, nullement douloureux. J'avoue que je n'a-
« vais jamais vu mourir de fièvre avec des symptômes sem-
« blables.

Et voilà sur quoi se fonde M. Pangon pour insinuer un empoisonnement !

Mais, en quoi donc diffère la description de cette agonie, de la description d'une agonie ordinaire !

Ne sait-il pas que chez les agonisants, l'on constate le « froid

---

(1) **M. Pangon.** — Je ne me suis pas écrié, mais j'ai seulement *dit en moi-même.*

M. Chalamet. — Oui, vous avez *dit en vous-même* devant toute la chambre syndicale... et aujourd'hui devant l'assemblée générale.

des extrimités... (1) froid *qui s'étend graduellement au tronc,*
surtout « lorsque la vie s'éteint par degrés », comme c'était le
cas pour notre malade. S'il ne veut pas ajouter foi à mes paroles, il n'a qu'à consulter le dictionnaire de Littré et Robin, art.
agonie.

Ne sait-il pas que, dans la fièvre typhoïde, avec prédominance des symptômes nerveux, ou même sans prédominance
des symptômes nerveux, « très-fréquemment, les traits de la
« face sont *immobiles*, le regard se *fixe* dans l'espace, et que
« les ailes du nez, animées de mouvements rapides, attestent
« une *gêne*— plus ou moins considérable — *de la respiration.*

S'il ne le sait pas, il n'a qu'à ouvrir l'ouvrage de pathologie
et de cliniques médicales de Laveran et Tessier (1881) où, pag.
32 et suivantes, il lira ce que je copie encore textuellement :
« Le *météorisme* abdominal est très-variable; lorsqu'il est très-
« marqué, il augmente la *dyspnée*. Dans les cas de péritonite par perforation, l'on constate des *nausées*, des *vomissements* bilieux ainsi qu'il nous a été donné de le voir. Or,
« la péritonite peut se produire sans perforation, par propa-
« gation de l'inflammation au péritoine, par déchirure de la
« rate, etc.

Par là, s'expliquent suffisamment, je pense, les *vomissements*
et les *syncopes momentanées.*

De plus, ajoutent les mêmes auteurs : « Chez les malades
« plongés dans l'état typhoïde, les *douleurs ne sont pas vives,*
« le ventre est seulement *météorisé* et un *peu* sensible à la
« pression, la mort arrive dans le collapsus ».

Cherchez, Messieurs, une différence sensible entre cette
symptomatologie et celle de la mort de la cousine de M.
Pangon.

---

(1) **M. Pangon.** — Je le sais bien. Mais ce n'était pas le simple froid
des extrémités.. ..

N'importe, en présence du dénoûment fatal, M. Pangon s'est dit en lui-même que sa pauvre cousine était *probablement* morte empoisonnée. Il faut s'estimer très-heureux qu'il n'ait pas dit : *certainement.*

Et M. Pangon « n'avait jamais vu semblable mort dans sa pratique. » Et, comme il n'a jamais été témoin d'un fait semblable, la conclusion obligatoire, c'est que je dois m'être rendu coupable *d'empoisonnement* ! Pas plus que ça ! Que penser, Messieurs, d'une pratique qui vous amène à tirer de telles conséquences ?

« *L'année suivante,* ajoute M. Pangon dans sa plainte, « c'est-à-dire l'année dernière, « au mois d'octobre, dans la « même famille, *un* enfant *épargné* l'année précédente, tomba « malade de fièvre typhoïde. Nouvelle consultation avec M. « Chalamet, que j'acceptai encore ».

Voici le fait :

A ma grande surprise, je rencontre un jour M. Pangon auprès de cette enfant, à qui je donnais journellement des soins depuis un mois. C'est, néanmoins, ce que M. Pangon appelle une consultation (1).

Pour moi, ce n'en était pas une, mais enfin, puisque aux yeux de mon accusateur, il y eut là consultation, comment, instruit de ce qui s'était passé et conscient de la « responsabilité toute particulière » qui lui incombait vis-à-vis d'une parente, consentait-il à m'accepter ?

Il est vrai, ajoute-t-il, qu'il *laissa partir* le *confrère* et que, *s'abouchant* avec son cousin, il se mit à faire mon procès en règle. Après cette acceptation, ainsi qu'il l'affirme, ce fait de me laisser partir, de s'aboucher avec son cousin, était-il, je vous le demande, un procédé délicat, une conduite digne d'un con-

---

(1) **M. Pangon.** — Certainement, c'était une consultation.

frère, d'un membre du syndicat, *qui se respecte et respecte ses collègues*?

Bref, le père de la malade ne m'ayant nullement fait connaître qu'il ne voulait plus de moi (1), mais, d'autre part, apprenant que M. Pangon, malgré la continuation journalière de mes soins à l'enfant, continuait à la voir sans moi et critiquait ma médication en mon absence, j'allai moi-même, Messieurs, signifier au père de cette petite malade, que, vu les conditions dans lesquelles me plaçait le confrère qu'il avait appelé, je me retirais, et qu'il n'eût plus du tout à compter sur moi pour soigner sa fille. Je n'ai pas à parler de l'impression produite par cette démarche sur l'esprit d'Albert, surtout lorsque je lui fis comprendre que, désormais, quelles que fussent les éventualités, ma responsabilité était complètement dégagée.

M. Pangon put donc alors manœuvrer à son aise tout seul. Or, ce que M. Pangon ne dit pas, c'est qu'après avoir été, pendant 3 ou 4 jours, soumise à ses soins exclusifs, la petite malade succombait (2).

Eh bien ! Messieurs, en qualité de médecin ordinaire dans cette famille, en qualité de médecin traitant, chargé de suivre et d'observer pas à pas l'évolution de ces maladies, j'avance ici, hardiment, parce que c'est ma conviction intime, que, *très probablement*, ni cette petite malade, ni celle de l'année précédente n'auraient succombé, si M. Pangon avait voulu s'inspirer un peu plus des avis de son confrère, et n'était venu détruire les effets d'un autre traitement par une médication irrationnelle et intempestive.

C'est après ce fait, qu'en proie à une indignation bien lé-

----

(1) **M. Pangon.** — Il ne vous l'avait pas dit ?
M. Chalamet. — Il ne m'en avait même pas manifesté le désir.

2) Une heure et demie encore avant la mort de cette enfant, M. Pangon, auprès d'elle, et ne reconnaissant pas que son état s'était aggravé, prescrivait force pilules et potions... allopathiques.

gitime, je lui écrivis la lettre dont on vous a donné lecture (1).

Mais, il y a contre moi un dernier grief. C'est à propos d'une circulaire.

« Cette circulaire, dit le Rapport, qui porte l'avis « Ancien ta-« rif », alors que faisant partie du syndicat, M. Chalamet adhérait « par le fait aux tarifs nouveaux adoptés, cette circulaire affecte « une forme de réclame qui entache la dignité professionnelle ».

A ce sujet, quelques mots d'explication.

Châteauneuf-de-Galaure — dans le canton de St-Vallier où exerce M. Pangon — est un poste médical, vacant depuis près de deux ans. Les habitants de cette localité et des environs réclament, depuis longtemps, un médecin à résidence fixe.

Châteauneuf est à égale distance de St-Vallier et de St-Donat. — Frappé de la persistance des réclamations des riverains de la Galaure, je me décidai, en avril dernier, à me mettre à leur disposition, en allant à Châteauneuf une fois par semaine.

Je crus utile d'annoncer ce fait, par l'envoi par la poste de quelques circulaires.

Voici le texte d'une de ces circulaires.

MÉDECINE DOSIMÉTRIQUE

VISITES ET CONSULTATIONS
(Ancien tarif.)

OPÉRATIONS DENTAIRES

Vaccinations et consultations gratuites
pour les indigents.

EN CAS D'URGENCE
télégraphier
A SAINT-DONAT.

St-Donat, le 25 mars 1884.

Monsieur,

« M. H. Chalamet, de la Faculté de Lyon, médecin à St-Donat, « a l'honneur de vous informer, qu'à partir du mardi 1ᵉʳ avril,

(1) Supra, p. 11.

« il sera à Châteauneuf-de-Ga laure, Hôtel Chorier, à la dispo-
« sition du public, chaque semaine, du mardi soir au mercredi,
« à midi.

« Si les besoins de la localité l'exigent, ses mesures sont pri-
« ses pour que, à l'avenir, satisfaction soit donnée à tous, dans
« les conditions les plus avantageuses.

« Il sera heureux d'être honoré de votre confiance.

« Prière de communiquer (1). »

Eh bien, Messieurs, vu les conditions dans lesquelles tout s'est
passé, je n'admets pas qu'il n'y ait là rien de contraire à la dignité professionnelle.

Maintenant — ceci soit dit entre parenthèse — dès ma 3
visite à Châteauneuf, je trouvai M. Pangon — je demande pardon d'avoir toujours affaire à lui — je trouvai M. Pangon à
Châteauneuf, installé de son côté à l'hôtel Féasson, ce qu'il n'a,
au reste, pas cessé de faire, depuis cette époque, tous les mer-
credis, même jour et même heure que moi (2).

Plusieurs personnes m'ont même affirmé que M. Pangon avait
été exaspéré de ma présence hebdomadaire à Châteauneuf-de-
Galaure, et surtout des deux mots « ancien tarif » mentionnés
dans mes circulaires. Cela, aujourd'hui, ne fait même plus de
doute pour personne, puisque, peu de temps avant, le cercle médical de St-Vallier avait, vient-on de me raconter, élevé (3), à
l'instigation de MM. Pangon et Lassagne, le tarif de ses honoraires.

---

(1) Lecture a été donné de cette circulaire par M. le Rapporteur.

(2) A partir du 1er avril, M. Pangon est même allé à Châteauneuf, pendant
longtemps, chaque samedi, de sorte que depuis 9 mois ce petit pays, dépourvu
de tout secours médical, n'a que l'embarras du choix entre les hommes de
l'art.

(3) Exemple : Dans la petite ville de St-Vallier, *visites* aux clients de 1re
classe : 5 fr. (!) aux clients de seconde classe : 4 fr. (!) — *piqûres* de

Mais, Messieurs, j'ignorais cette particularité, lorsque j'annonçai ma présence à Châteauneuf.

Au reste, l'aurais-je connue, cette disposition devait-elle m'inquiéter, à plus forte raison m'obliger, puisque elle avait été prise à mon insu et complètement en dehors de moi ?

Bref, je pourrais demander si déjà le cercle de St-Vallier, dans la personne de l'un de ses membres — dans la personne encore de l'inévitable M. Pangon — n'a pas déjà fait subir, depuis longtemps, pour la circonscription de Châteauneuf, au moins, une réduction au tarif d'honoraires établi(1) par les membres du cercle, je pourrais même demander à M. Pangon — en passant — s'il ne s'est pas écrié, un jour, que, « tant qu'il serait à St-« Vallier, il s'opposerait de toutes ses forces à l'installation « d'un médecin à Châteauneuf? »

Mais je ne veux pas prolonger ce débat. A l'Assemblée, après s'être entourée de toutes les lumières nécessaires, d'apprécier sous l'empire de quelles dispositions ont été faites les dépositions qui me concernent, et de quel côté sont réellement les actes qui « entachent la dignité professionnelle ».

J'ai hâte d'en finir.

C'est pourquoi, passant immédiatement à un autre ordre de considérations, je vous ferai remarquer, Messieurs, qu'à l'appel des promoteurs de l'organisation de ce syndicat adressé à tous

---

morphine : 10 fr. (!!) etc... Les feuilles publiques sont allées jusqu'à enregistrer dans leurs colonnes les plaintes qu'a soulevées dans la population cette élévation de tarifs.

Tout cela est regrettable, car — et ceci est à l'honneur du corps médical — le public n'a jamais pu assimiler à un métier vulgaire la noble profession médicale.

(1) **M. Pangon.** — Ce n'est pas moi seul qui l'ai établi.

les médecins de la Drôme et de l'Ardèche, je répondis avec empressement.

Je pensais qu'une association de cette nature était appelée à nous rendre de grands services, si surtout elle était embrassée par l'universalité ou la presque universalité des membres du corps médical et se mettait à fonctionner avec intelligence et impartialité.

Car, ne le perdons pas de vue, Messieurs, « les syndicats, » — c'est un homme sage et en même temps un de leurs chauds partisans qui s'exprime ainsi, le docteur Hameau, dans son discours prononcé à l'Association de la Gironde, le 14 octobre 1883 — « les syndicats, dit le docteur Hameau, seront pour la « famille médicale un bien ou un mal, une source de profits « légitimes, ou de *déconsidération finalement ruineuse*, sui- « vant la direction qui leur sera imprimée ».

D'autre part, le but du syndicat est, vous le savez, Messieurs, « d'apprendre, dit l'art. 4, aux médecins de la région à « se connaître et à se protéger mutuellement, de faciliter « leurs relations — mais surtout — d'améliorer la situation « tant individuelle que collective des membres qui la com- « posent.... ».

Or, ce but est-il réalisé, et n'est-il pas à craindre qu'une fausse direction ne soit imprimée à l'Association, si, au lieu de nous protéger réciproquement et de nous entendre afin d'améliorer notre situation respective, notamment par la répression de l'exercice illégal de la médecine, ainsi que je l'ai vainement demandé, par lettre, un jour, à M. le secrétaire, pour un rebouteur que je lui signalais (1), si, au lieu de chercher à

____

(1) Mais, — tout extraordinaire que cela puisse paraître aux sociétaires, — au point de vue légal, aucun syndicat médical n'a encore le droit d'exister (Arrêt de la Cour de Caen, février 1885).

aplanir amiablement les conflits qui peuvent surgir entre confrères syndiqués, la Chambre, sur la plainte ou sur les plaintes plus ou moins fondées de quelques collègues, se met, d'emblée, à frapper et à demander que l'on frappe d'exclusion un membre du syndicat, avant même de l'avoir entendu ?

A vous, Messieurs, il appartient de rechercher quels profits retirera votre Association syndicale et quels services vous rendrez au corps médical, c'est-à-dire à vous-mêmes si, en présence du nombre déjà si modique des adhérents au syndicat de la Drôme et de l'Ardèche (1), au lieu d'attirer le plus grand nombre possible de médecins, vous cherchez à en éliminer ou à en éloigner de vous.

Quant à moi, Messieurs, je constate ici, avec peine, des faits que je ne m'explique pas :

Des confrères, plus ou moins innocents eux-mêmes, qui se transforment en accusateurs ;

Une chambre syndicale qui, obéissant à je ne sais quel mobile, *prononce l'exclusion*, sans l'entendre, d'un confrère syndiqué ;

Un membre même de ce syndicat qui, pour satisfaire sa rancune contre un confrère, n'a pas honte de recourir aux calomnies les plus basses et aux accusations les plus ineptes ; un membre de ce syndicat qui fait des injonctions à la Chambre syndicale, la menaçant de sa démission si elle n'obéit pas à son désir, je pourrais dire à son mandat impératif.

C'est pourquoi, Messieurs, en voyant un tel état de choses, je ne solliciterai même pas l'expression de votre volonté au sujet

---

(1) Sur 180 médecins qui exercent dans la Drôme et l'Ardèche, le syndicat médical de ces départements compte à peine 40 membres !

de mon affaire, encore moins un acquittement. Je déclare que je n'ai parlé uniquement que pour avoir le plaisir d'exposer la situation sous son vrai jour, et pour l'intelligence de tous.

N'entendant pas voir se produire, ici, l'arbitraire, l'esprit de rancune ou de passion, sous n'importe quelle forme, il me reste en conséquence à vous dire, Messieurs, que, fort de ma conscience et toujours décidé à agir en confrère correct et dans l'intérêt de mes malades avant tout, je me retire, et je donne irrévocablement ma démission de membre du syndicat de la Drôme et de l'Ardèche.

Sa défense terminée, M. *Chalamet* salue et se dispose à partir.

M. le Président et un autre membre du Bureau. — Mais restez, Monsieur, restez....

M. Chalamet. — Messieurs, je n'ai plus rien à faire dans cette enceinte....

Je ne m'y suis rendu qu'avec la ferme résolution de donner ma démission.

Je viens de la donner *irrévocable.* Si je me suis montré au milieu de vous, aujourd'hui, c'était uniquement, je viens de vous le dire, pour avoir le plaisir d'énoncer quelques vérités et avec l'espoir de faire, peut-être, un peu de lumière sur votre situation.

La Chambre syndicale, me jugeant par défaut, m'a illégalement et arbitrairement frappé d'exclusion. C'en est assez pour légitimer — selon moi —

cette démission qu'au surplus, Messieurs, vous êtes libres de ne pas accepter, en confirmant purement et simplement les conclusions de la Chambre syndicale.

(M. CHALAMET sort).

Valence, imp. Valentinoise

www.ingramcontent.com/pod-product-compliance
Ingram Content Group UK Ltd.
Pitfield, Milton Keynes, MK11 3LW, UK
UKHW031744170726
13836UKWH00002B/878